AF242940

L 27
2.2118

DISCOURS

PRONONCÉ AUX FUNÉRAILLES

DE

M. L'ABBÉ POUILLAUDE

CURÉ DE DENAIN

LE 9 DÉCEMBRE 1865

PAR M. L'ABBÉ CAPELLE

CH. CURÉ-DOYEN DE S.-GÉRY

À VALENCIENNES

Membre de l'Académie catholique de Rome.

VALENCIENNES

IMPRIMERIE DE E. PRIGNET, LIBRAIRE-ÉDITEUR

1865

DISCOURS

PRONONCÉ AUX FUNÉRAILLES

DE

M. L'ABBÉ POUILLAUDE

CURÉ DE DENAIN

LE 9 DÉCEMBRE 1865

PAR M. L'ABBÉ CAPELLE

CH. CURÉ-DOYEN DE S.-GÉRY

A VALENCIENNES

Membre de l'Académie catholique de Rome.

VALENCIENNES. IMPRIMERIE DE E. PRIGNET, LIBRAIRE-ÉDITEUR.

ARCHEVÉCHÉ DE CAMBRAI.

Cambrai, le 12 décembre 1865.

Mon cher Doyen,

Je vous autorise bien volontiers à faire imprimer le discours que vous avez prononcé aux obsèques du bon et très-regrettable abbé Pouillaude

Recevez l'assurance de mon affectueux dévoucment.

† R. F., Archevêque de Cambrai.

NÉCROLOGIE

Monsieur **POUILLAUDE** (Pierre-François) *naquit à Boursies, canton de Marcoing, arrondissement de Cambrai, le 14 février 1807. Ses parents, Pierre-Antoine Pouillaude et Marie Gras, étaient d'honnêtes cultivateurs. Après avoir fait ses humanités au collége de Cambrai, il entra au séminaire diocésain où il fut ordonné prêtre le 8 août 1830. Nommé immédiatement après l'ordination vicaire à Solesmes, il fut transféré à la cure de Villers-Plouich le 1er décembre de la même année. Appelé au grand séminaire de Cambrai pendant les vacances de 1833, pour y enseigner la philosophie, il quitta sa chaire un an après pour occuper la cure de Gussignies qu'il garda jusqu'au*

3 octobre 1836, époque à laquelle il alla, revêtu du
même titre, à Villers-Outreaux. En 1842, Monseigneur
l'archevêque l'appela à Cambrai pour faire partie du
corps de missionnaires diocésains qu'il établissait. La
première mission fut ouverte à Tourcoing le 22 octobre
de la même année. M. Pouillaude fut nommé ensuite
curé de Leers le 13 juillet 1845 et curé d'Hergnies le
1ᵉʳ mai 1847. Monseigneur Desprez ayant été nommé
évêque de Saint-Denis, à l'île de la Réunion', le choisit
pour grand-vicaire et sa nomination fut agréée par le
gouvernement le 27 décembre 1850. Revenu en France,
M. Pouillaude rentra dans le ministère paroissial.
Monseigneur l'archevêque de Cambrai le nomma curé
de Beauvois le 7 février 1856, puis de Wavrin le 20
février 1859, et enfin, le 18 février 1864, curé de
Denain, où il mourut le 6 décembre 1865.

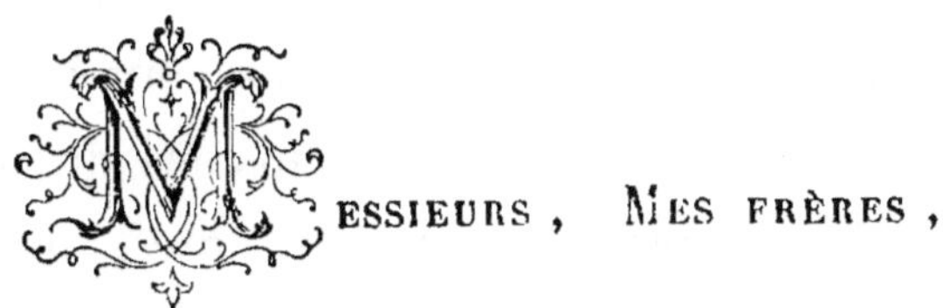

Attéré comme vous tous par le coup dont la mort vient de frapper M. Pouillaude, si je prends la parole, au milieu de ce lugubre appareil, ce n'est pas que j'aie l'intention de prononcer une oraison funèbre en vous disant tout ce qu'a fait dans le cours de sa carrière le digne pasteur que nous pleurons ; je ne veux que confondre mes regrets avec vos regrets, mes larmes avec vos larmes.

Vous raconter ce qu'a fait M. Pouillaude dans les diverses phases de sa vie sacerdotale, serait m'imposer une tâche très-longue quoique facile. Depuis mon initiation au sacerdoce, par je ne sais quel dessein de la providence, il m'a été donné de travailler presque constamment, pour ainsi dire à ses côtés et, pendant trois années, nous avons été appelés l'un et l'autre à combiner notre action dans les missions diocésaines que j'eus l'honneur d'ouvrir avec lui. Je pourrais le suivre dans les différents postes qu'il a occupés comme curé, le voir professeur de philosophie, missionnaire diocésain, vicaire-général à l'île de la Réunion, et vous sauriez me comprendre, car quoiqu'il ait passé au milieu de vous comme un ombre qui disparait en se montrant, vous avez su l'apprécier.

Mais la vie du curé a quelque chose de monotone, quelle que soit la dissemblance des localités où doit s'exercer son zèle; son action est la même partout ; partout son temps se partage entre la prière, l'étude, le catéchisme, l'administration des

Sacrements et la visite des malades : je ne puis entrer dans ces détails. Je laisse donc M. Pouillaude prenant et reprenant huit fois le bâton de l'apôtre voyageur en s'en allant, avec simplicité planter sa tente ou Dieu l'appelle successivement par la voix de ses supérieurs. On peut demander à toutes ces paroisses, comment il a rempli sa mission chez elles, toutes vous donneront la même réponse : il a passé en fesant le bien ! Ses pas y ont laissé une sorte d'empreinte céleste, un écho pur et saint y fait encore resonner sa parole et les merveilles de son zèle, ressemblent à des monuments que le temps ne détruit pas. Nulle part, il ne fut un homme ordinaire !

Je vais donc me borner, Messieurs, à vous exposer les belles et nombreuses qualités de M. Pouillaude. Vous dites qu'en le perdant vous perdez beaucoup : si vous voulez bien m'écouter, votre conviction sur ce point s'affermira davantage et vos regrets arriveront au niveau des miens et de ceux de ses amis.

Certes , Messieurs, je ne voudrais pas vous dire
que M. Pouillaude était un homme parfait; Notre-
Seigneur Jésus-Christ seul, parce qu'il est la
perfection infinie, n'a pas eu les défauts de ses
belles qualités, mais ce que je puis avancer sans
crainte d'être repris, c'est que comme homme et
comme prêtre , il en est peu qui atteignent sa
hauteur.

Et d'abord, pour vous le montrer comme homme,
avant de vous le montrer comme prêtre, si je veux
scruter son intelligence, qu'elles richesses n'y ren-
contrerai-je point ! Choisi par notre vieil évêque
pour enseigner la philosophie aux élèves du grand
séminaire, lorsqu'il sortait à peine des bancs de
cette maison, il ne cessa dans le ministère paroissial de cultiver cette science, qui, conjointement
avec celle de la théologie, firent de lui, non pas
précisément un génie, mais un homme sage,
sérieux, savant dans l'art de dicerner les esprits,
d'apprécier les caractères, et de comprendre les
moyens d'agir sur eux avec efficacité. Grâce à la
vérité des principes qui lui étaient familiers, on
aurait pu croire que d'avance il avait étudié à fond
toutes les questions sur lesquelles il pouvait être

appelé à se prononcer et à établir la ligne de con
duite à tenir. Quelqu'un de vous, Messieurs, lui
a-t-il parfois demandé un conseil sur une affaire
délicate, difficile, épineuse ? Vous avez dû admirer
en lui une judiciaire prompte et sure ; il savait
aussitôt dénouer la difficulté, donner une décision
et développer les raisons sur lesquelles il s'appuyait,
comme s'il eut étudié la chose d'une manière spé-
ciale. Envoyé curé d'une nouvelle paroisse, il
savait, dès les premiers jours, comprendre l'esprit
qui animait la localité, le bien qu'il pourrait y faire,
les écueils qu'il devait éviter, et toujours il se trouvait qu'il avait deviné juste.

Son cœur n'était pas moins bon que son intelligence était élevée. En lui, l'intelligence et le cœur
se donnaient la main, se prêtaient un mutuel appui
pour opérer le bien partout ou il trouvait le moyen
d'exercer quelqu'influence. L'esprit lui suggérait
constamment ce qui est bon, vrai, pur, juste, raison-
nable, le cœur pressait la réalisation de ces pensées
et la volonté que je vous montrerai tout à l'heure,
généreuse, ferme et constante, ne manquait jamais
d'arriver aux plus heureux résultats. La bonté de
Monsieur Pouillaude ! Oh ! Messieurs, permettez

moi de vous le demander en toute simplicité, aurait-
on jamais pu penser que sous une enveloppe si dure
et si rude se cachait un cœur si bon, si affectueux ?
Il y a des fleurs dont les pétales n'ont rien de bril-
lant, mais qui recèlent au fond de leur corolle, les
parfums les plus doux ! Je ne vous parlerai pas de
son aménité auprès des malades qu'il consolait, au
milieu des enfants qu'il instruisait, à l'égard des
pauvres avec lesquels il partageait son pain : cela
nous conduirait trop loin ; mais il faut bien dire qu'a
tous, son âme était ouverte, comme à tous était
ouverte sa maison ; à tous il savait donner le bon
conseil qui dirige, adresser le doux reproche qui
améliore , la parole d'encouragement qui fortifie.
O vous, qui que vous soyez, riches ou pauvres,
quel ami vous avez perdu en M. Pouillaude! sans
doute vous n'avez pas perdu un ami comme je
le perds moi même : un ami dans la pensée duquel
on se complait, avec lequel on passe quelquefois
des moments où ensemble on pense tout haut,
où l'on épanche son cœur, un ami sur qui l'on
compte pour le cas où arriveraient de mauvais
jours; mais vous avez perdu un ami qui constamment s'occupait de vous, combinant les moyens de vous être utile et de vous faire un bien

réel. Monsieur Pouillaude était un ami vrai : franc et sincère, il n'épargnait pas à un ami une vérité qu'il croyait nécessaire ou très utile de lui faire entendre. Au risque de le froisser, il savait lui dire les choses les plus désagréables à l'amour propre, comme un médecin qui ne craint pas de tailler dans le vif d'une plaie, quelque soient les cris du malade qu'il aime et qu'il veut sauver.

Et tout cela était dit, était fait avec simplicité, mais aussi avec force. Monsieur Pouillaude portait au fond de son être ce caractère que Dieu demandait de son Prophéte, quand il lui disait : *Esto vir,* sois un homme ! Il réalisait le portrait que le poëte latin a tracé de l'homme à l'âme forte et généreuse : *Fortem tenacemque propositi virum.* Guidé par son intelligence, soutenu par son cœur, fort de la pureté de ses intentions, s'il prenait une résolution, cette résolution il fallait qu'il l'exécutât. Les contradictions, les railleries, les menaces rien ne l'effrayait, il marchait à son but sans peur et sans reproche. Je l'ai parfois vu ayant quelque grave difficulté à surmonter, je l'ai vu se rire, se jouer des obstacles, redisant ce mot familier aux lèvres du plus grand de nos Evêques de Cambrai, Pierre d'Ailly : il faut que la vérité l'emporte, *veritas vincit !* En le voyant dans l'exercice de son ministère, au milieu des entraves de toute espèce, calomnié dans ses intentions, défié par les ennemis de la sainte cause qu'il défendait, je l'ai quelquefois comparé à un lion qui se sentant blessé, se retourne sur le chasseur dont le plomb l'a atteint, bondit en le poursuivant, sans s'inquiéter des liannes et des ronces épaisses qui lui déchirent les flancs. Mais ne croyez pas qu'il tombait sur ses adversaires pour les accabler ; le lion était changé en agneau, et par une douceur pleine de force, il ramenait à lui, il ramenait à la foi, il ramenait à la cause de Dieu ceux qui avaient bravé les efforts de son zèle, et ces hommes, s'ils ne devenaient pas toujours ses intimes amis, devenaient au moins ses admirateurs.

Jugez, Messieurs, d'après cet exposé, jugez de sa puissance quand il fallait parler, instruire et amener ceux à qui il s'adressait, au but où il voulait les conduire ! Il était homme de bien, *vir bonus dicendi peritus.* Il était homme de cœur, *pectus est quod disertos facit,* il a dû nécessairement réaliser en lui ce que promet à ces heureuses qualités le maître de l'éloquence. Tout à l'heure je vous disais que vous aviez connu, que vous aviez pu apprécier Monsieur Pouillaude; mais qu'ai-je dit? Non, vous ne l'avez pas vraiment connu, vous ne l'avez pas connu dans ce que j'appellerai ses beaux jours, à l'âge où le corps possède toute sa vigueur, où l'excès des travaux et des fatigues n'a pas encore ruiné le tempérament. Oh! alors, que vous l'auriez admiré en chaire, malgré la rudesse de son organe, lorsque dans les transports de son âme il parlait de la grandeur de Dieu, de sa vérité, de sa justice! Que vous l'auriez admiré tonnant contre le vice, arrachant le masque à l'incrédulité qu'il montrait prenant naissance dans la fange des vices les plus hideux, ne se soutenant que par les désordres du mensonge et de l'infamie! Dans ses improvisations on l'a entendu mainte fois s'élancer jusqu'au sublime de l'éloquence, et je ne crains pas d'avancer que faisant partie d'une de nos grandes assemblées délibérantes il fut devenu un orateur de la taille de l'abbé Maury et de Mirabeau.

Je vous ai montré l'homme, Messieurs, eh bien ! maintenant, jetez sur cet homme le manteau sacré du Sacerdoce. Entez le sur Jésus-Christ de l'esprit duquel il doit vivre, qu'il est appelé à représenter sur la terre et dont il doit pouvoir dire qu'il est son imitateur. Dans cette intelligence vive et forte, mettez la foi qui élève l'âme jusqu'aux cieux, la place sous l'action de Dieu qui lui parle, lui inspire ses pensées et la nourrit de lui-même. Dans ce cœur aux sentiments nobles et purs, mettez cet amour surnaturel qui le rend plus grand que le monde, l'apprenant à aimer comme Jésus-Christ a aimé, lui imposant le devoir d'aimer ses frères de l'amour d'une mère, et d'aller jusqu'à se sentir la force de désirer, comme saint Paul, d'être anathême pour eux. A cette énergique volonté de faire le bien, joignez la volonté de Dieu, pénétrez en l'âme du prêtre, faites en sa règle, son guide, le mobile de toutes ses actions..... quel sera cet homme ? Eh bien ! voilà ce qu'a été monsieur Pouillaude. Voilà ce qui l'a rendu l'homme de Dieu et l'homme de ses frères ! L'homme de Dieu : l'homme de la prière ; l'homme de ses frères : l'homme du dévouement. Otez lui, si vous le voulez, sa science, ses talents, ôtez lui la noblesse de son cœur, ôtez lui sa fermeté d'âme, j'y consens ; il n'a pas cherché autre chose que la gloire de Dieu, il a travaillé avec ardeur au salut, au bonheur de ses frères, cela me suffit, il a mérité le plus bel éloge : il a été un prêtre, un curé accompli ! N'est-ce pas ainsi, Messieurs, que vous le considérez quand vous le regardez comme un digne objet de vos regrets ; n'est-ce pas ainsi qu'on le considère aujourd'hui dans les diverses paroisses où il a exercé le saint ministère et où il est pleuré avec la même amertume qu'à Denain ?

Homme de Dieu: dans les vertus de son état comme dans l'accomplissement de ses devoirs, Monsieur Pouillaude n'a connu ni trève, ni transaction ; je veux bien être sa caution devant le souverain Juge, pour affirmer qu'il fut un prêtre chez lequel n'a vécu d'autre esprit que l'esprit de la sainte Eglise. Comme saint Paul qui se glorifiait de ne connaître que Jésus-Christ crucifié, il ne savait, il ne voyait qu'une chose au monde: son ministère. Permettez-moi une expression qui pourra paraître originale mais que je crois exacte et conforme à ce que je tiens à exprimer ; il n'y avait chez lui que du prêtre ! Les amusements nobles et purs auxquels il est permis aux hommes les plus sérieux de se livrer quel-

quefois, il ne les connaissait point ; les études qui
forment l'esprit à certaines sciences agréables, les
lectures qui ne savent que récréer l'esprit, il ne les
connaissait point ; il ne lui fallait que la science de
Dieu et le travail pour le bonheur de ses frères ; le
reste, il le regardait comme indigne de lui. Inutile
de vous dire ce qu'il était dans sa foi et dans sa
piété ; dans le recueillement de la prière, il témoi-
gnait de l'union intime de son âme avec Dieu ; au
saint autel, on aurait cru voir un séraphin. Aussi,
sous son inspiration, et autant au moins par l'influence de ses exemples que par celle de ses paroles,
dans ses huit paroisses la foi s'est renouvelée, la
religion a été mise en grand honneur, la piété a
pris un vif essor, les sacrements ont été fréquentés,
les vertus chrétiennes ont été comprises et prati-
quées, le temple de Dieu a été décoré avec magni-
ficence, Son zèle était empreint d'une animation
merveilleuse qui jamais ne s'est ralentie. Le catéchisme aux jeunes enfants et aux adolescents était
pour lui, si je puis employer cette expression, pres-
qu'une passion ; la prédication de la parole de Dieu
n'avait pas moins les prédilections de son cœur ;
selon la recommandation de saint Paul, il prêchait à
tems et à contre tems ; à toute occasion il montait

en chaire où l'on ne cessait de l'entendre avec plaisir, tant sa parole était paternelle, noble, lucide et à la portée de son auditoire. Essaierai-je de vous le montrer dans l'administration des sacrements et surtout au tribunal de la pénitence où quelquefois il passait tout le jour et presque des nuits entières ? C'est là, Messieurs, que vous l'avez entendu exerçant le ministère de la miséricorde, ou plutôt, hélas ! peut-être, non, vous ne l'avez pas entendu tenant la place de Jésus-Christ qui a donné à son Eglise le pouvoir de remettre les péchés comme il les remettait lui-même ; vous n'avez pas vu son cœur s'ouvrir à cette parole : mon père bénissez-moi parceque j'ai péché ! vous n'avez pas vu sa main relevant le roseau abattu par la tempête ; en échange de l'aveu de vos faiblesses vous ne lui avez pas demandé le pardon et la paix ; c'est, j'ose le dire, dans ces entretiens mystérieux que vous auriez parfaitement compris la force de sa foi, la douceur de sa charité et l'ardeur de son dévouement.

Son dévouement ! cette vertu qui fit de lui l'homme de ses frères, l'homme qui s'est donné tout entier et qui ne sait plus s'appartenir. Dites-le pour moi, vous, Messieurs ses collaborateurs, ses autres lui-même. Dites comment il savait vous communiquer le feu sacré qui le consumait, vous faire, dans les travaux évangéliques, la part la plus douce, gardant pour lui la plus lourde et la plus pénible. Mais passons sur une multitude de détails, venons à un fait qui dit tout.

Il n'y a pas longtemps, ce vénérable ami m'exprimait ses désirs de voir sa paroisse de Denain devenir semblable à celles qu'il avait dirigées précédemment, riche de foi, de vertus et de pratiques religieuses, me disait : Tenez, prêcher à Denain, prêcher en chaire, prêcher souvent, c'est chose inutile et je ne le fais que parceque c'est la règle; ceux qui ont le plus besoin d'instruction ne sont pas dans l'auditoire et beaucoup qui s'y trouvent ne nous comprennent pas. Mais, voir les familles, parler dans les maisons : avec cela on fait de l'ouvrage. Aussi ma détermination est prise : je passe tout mon temps en visites, à droite et à gauche; ici je donne un conseil, là je détruis un préjugé, ailleurs je parle d'un point de morale, partout j'établis le vrai principe, la sanction réelle de toute loi : la crainte de Dieu. J'arriverai j'espère à mon but, dans quelques années, j'aurai fait quelque chose de solide.... et, avec une santé qui se ruinait de plus en plus, il marchait et il évangélisait chez les uns et chez les autres, fort de son énergie et de sa confiance en Dieu..... et il est tombé...!! Vous savez, Messieurs, quel fut ce douloureux moment où il fut ravi à nos affections,.... C'était le soir, il venait de quitter ses vicaires avec lesquels il avait passé les dernières heures de la journée ; en leur disant adieu, il s'était épanché en paroles affectueuses sur les douces distractions qu'ils avaient trouvées ensemble ; il avait pris en ses mains le livre de la prière sacerdotale ; dans le sublime langage du Roi-prophète il invitait toutes les facultés de son âme à se recueillir et à adorer le Seigneur qui est au-dessus de tout, le Dieu qui nous a fait et dont nous sommes le peuple....... Il pousse un cri : mon Dieu !! il tombe........ l'apoplexie l'avait foudroyé...!! Et son âme montait au Ciel ; elle allait continuer l'hymne de louanges qu'elle venait de commencer sur la terre !

Mourez, ô vénérable prêtre, la récompense promise par le juste juge vous attend. Pendant trente-cinq ans, vous avez sans faillir, combattu les combats de la foi, le terme de vos labeurs est arrivé. Vous n'avez pas eu, dans cette paroisse de Denain, le bonheur de voir se couronner de succès les projets de votre zèle ; ailleurs, vous avez pu savourer le parfum de la piété que vous aviez fait fleurir ; vos yeux ont pu se récréer de la vue des saintes associations que vous aviez formées ; mais en mourant, ayez confiance, la semence que vous avez jetée dans cette terre ne restera pas stérile, le Seigneur fera luire sur elle le soleil de sa bonté et de sa justice ; tout nous dit qu'elle ne tardera pas à éclore, et qu'elle deviendra un arbre dont les rameaux, en publiant la gloire de Dieu, rendront hommage à votre nom bien-aimé.

Oh ! mes chers Frères, qui que vous soyez, gardez-lui dans vos esprits et vos cœurs un long souvenir. Il ne vous demande pas précisément un souvenir affectueux, mais un souvenir tel qu'il vous l'eût demandé lui-même : un souvenir des instructions qu'il vous a adressées. Que vous a-t-il dit ? Comme Notre-Seigneur Jésus-Christ, il ne vous a dit qu'une chose, c'est que vous avez un Dieu à servir et une âme à sauver. Votre salut éternel était un sujet qu'il traitait continuellement. Toutes ses instructions se réduisaient à celle-ci :

*Cherchez avant tout le royaume de Dieu et sa justice !
A quoi sert à l'homme de gagner l'univers entier s'il
vient à perdre son âme ?* En vous rappelant son nom,
songez à votre salut éternel.

Pour vous arracher au péché, il vous disait
encore : *n'oubliez pas qu'il faut mourir un jour et qu'il
n'est rien de plus incertain que l'heure à laquelle la mort
vous arrivera.* Cette exhortation ne retentit-elle pas
en ce moment de la façon la plus éloquente? De ce
cercueil devant lequel vous êtes rangés, en expri-
mant des sentiments de deuil et de respect, il me
semble le voir se lever et vous adresser cette der-
nière parole.

Cette parole écoutez la avec le même recueillement que vous écoutez la mienne : *Mes amis, mes
frères, mes enfants, n'oubliez pas que la mort peut vous
frapper comme elle m'a frappé moi-même, au moment
où vous vous y attendrez le moins. Soyez toujours prêts
à la recevoir comme je l'étais toujours. Pour cela, vivez
en bons chrétiens, remplissez exactement vos devoirs
religieux, évitez le péché, aimez Dieu, aimez-vous les
uns les autres afin de pouvoir vous présenter avec confiance au tribunal de ce souverain Juge.*

N'en restez point là, mes frères, hélas ! la faiblesse humaine est si grande que ce cher pasteur pourrait avoir à expier quelque faute qui retarde son entrée dans la céleste patrie ; ah ! rendez lui une partie de ce qu'il vous a donné ; il a beaucoup prié pour vous, priez pour lui ; il a cherché à vous conduire aux cieux, cherchez à l'y introduire, en demandant pour lui le pardon et l'indulgence qu'il a si souvent demandés pour vous.

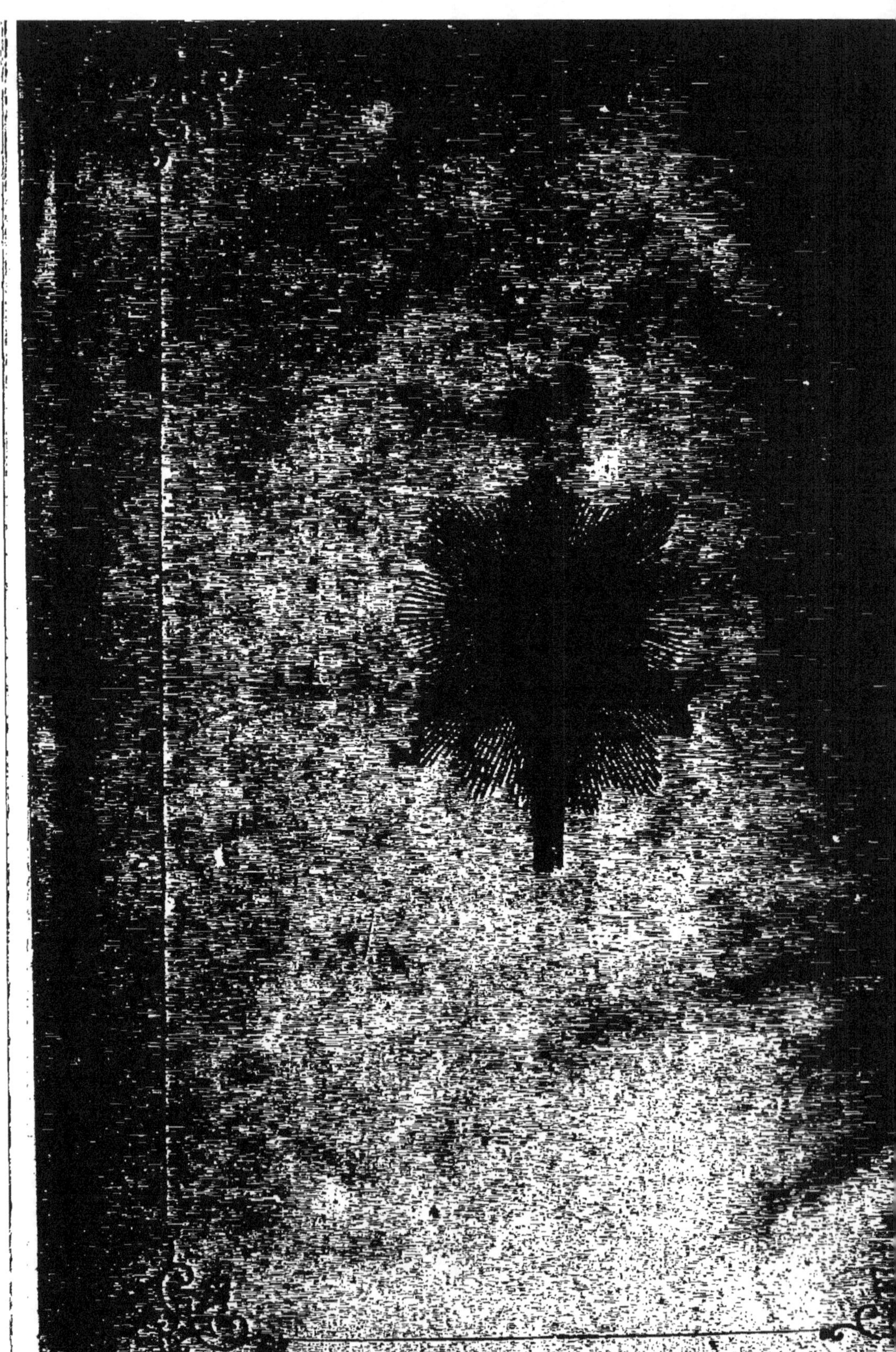

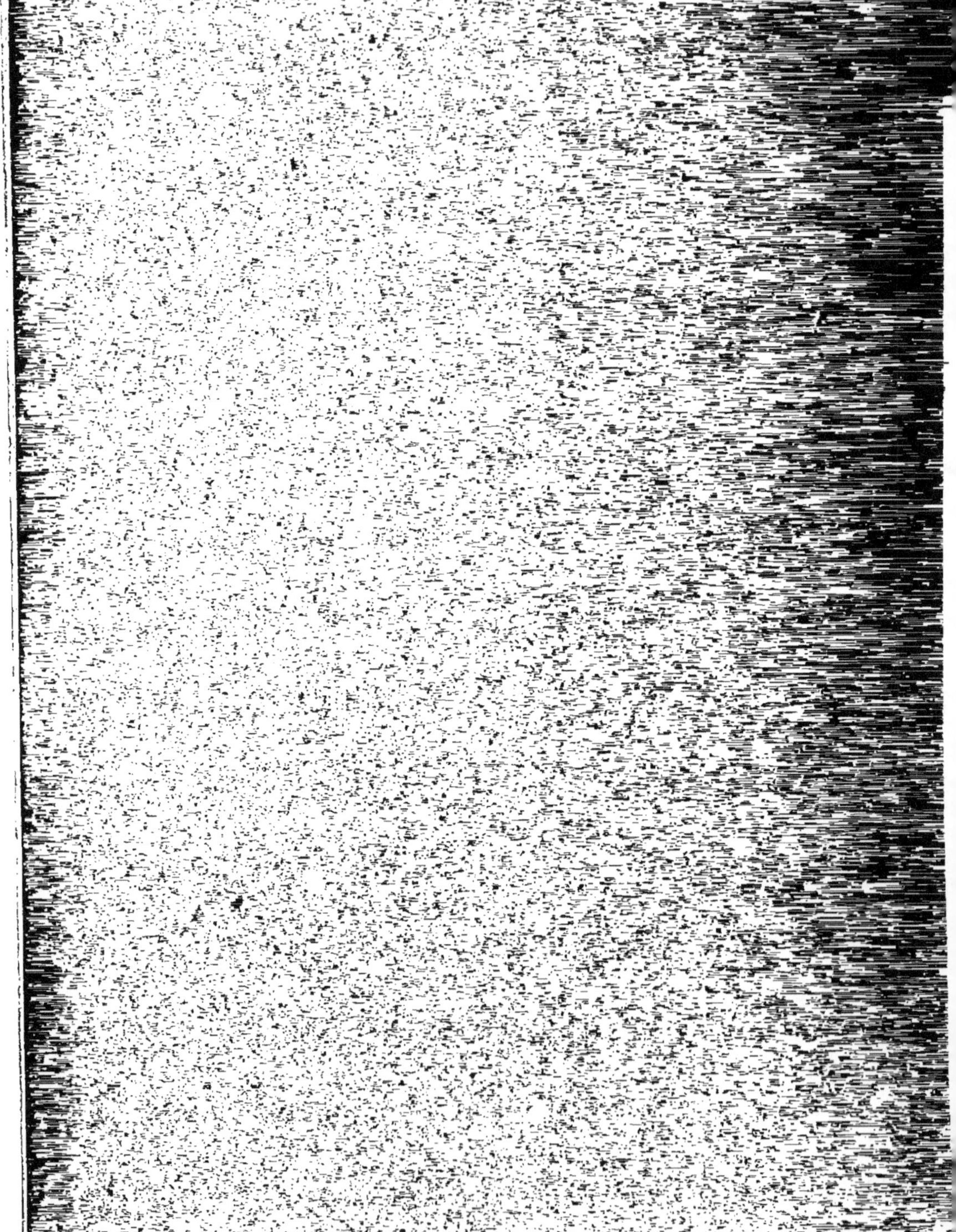